ÉLOGE

HISTORIQUE

DE

M. LAMOUROUX,

PAR UN DE SES ÉLÈVES.

CAEN,
IMPRIMERIE DE F. POISSON, RUE FROIDE.
1828.

Ln 27/11306

ÉLOGE HISTORIQUE

DE

M. LAMOUROUX.

SE TROUVE:

A Caen, chez F. POISSON et MANCEL, Libraires;
A Bayeux, chez LE FRANÇOIS, Libraire;
A Paris, chez LOUIS, Libraire, rue du Paon.

ÉLOGE

HISTORIQUE

DE

M. LAMOUROUX,

Docteur-ès-Sciences, Docteur en Médecine ; Professeur d'Histoire Naturelle à l'Académie de Caen ; Membre Correspondant de l'Institut de France et de la Société Linnéenne de Paris; des Sociétés Philomatique, Philotechnique, d'Histoire Naturelle, et de l'Académie royale de Médecine de Paris ; des Académies royales de Rouen, Orléans, Bordeaux, Agen, Madrid, Turin; des Sociétés d'Agriculture d'Agen, Strasbourg, Quimper, Evreux; des Sociétés de Médecine d'Agen, Evreux; de la Société Médicale de Bordeaux ; des Sociétés des Sciences, Arts et Belles-Lettres d'Agen, Soissons; des Sociétés des Sciences et Arts de Strasbourg; de l'Athénée de Toulouse ; de la Société Physiographique de Lunden (en Suède); de la Société de Physique de Genève ; de la Société des Curieux de la Nature de Moscow ; de la Société du Muséum d'Histoire Naturelle de New-Yorck ; Membre et l'un des principaux Fondateurs de la Société Linnéenne du Calvados ; Membre de la Société royale d'Agriculture et de Commerce de Caen, et de l'Académie royale de la même ville,

PAR UN DE SES ÉLÈVES.

La conduite des hommes de bien est une école où l'âme se fortifie, où les sentiments s'épurent, où chacun peut lire ses devoirs et affermir ses principes.

LAMOUROUX, Not. hist. de M. THIERRY.

CAEN,

IMPRIMERIE DE F. POISSON, RUE FROIDE.

1828.

ÉLOGE HISTORIQUE

DE

M. LAMOUROUX.

Jean-Vincent-Félix LAMOUROUX naquit à Agen, le 3 mai 1779, d'une famille ancienne, non moins recommandable par ses vertus que par ses richesses. Une même union avait donné naissance à vingt-deux enfants, et Vincent était l'aîné. Dès l'âge de quatorze ans, il avait terminé, d'une manière distinguée, le cours de ses études. Alors il se livra à la Physique, à la Botanique, et particulièrement à la Chimie, dont nous le verrons, dans la suite, faire un usage important pour la prospérité de sa maison.

Cet amour du travail, joint à une grande aptitude pour les Sciences, furent bientôt appréciés par M. Lamouroux père, qui voulut leur donner une direction utile. Placé à la tête de plusieurs Fabriques de toiles peintes qui avaient toujours joui d'une réputation brillante, il jeta les yeux sur son fils aîné, seul capable de lui fournir un appui ; mais, pour se l'attacher d'une manière particulière, il fallait récompenser son zèle. Aussi, lui donna-t-il le titre flatteur de Commis Associé de sa maison. Vincent n'avait encore que seize ans.

C'était beaucoup, sans doute, et tout autre se fût contenté d'une charge aussi honorable. Mais l'esprit du jeune Lamouroux n'était pas fait pour se plier aux spéculations du commerce, et il n'accepta cette responsabilité que dans l'espoir de se livrer plus facilement à son goût décidé pour l'Histoire Naturelle.

Pendant les quatre années qui suivirent, il parcourut les côtes de l'Ouest et tout le Midi de la France. Les affaires occupaient la plus grande partie de son temps; le reste était réservé à la Chimie et à la Botanique. De retour à la maison paternelle, il composait des teintures nouvelles au moyen des diverses productions qu'il avait recueillies. Son travail était couronné des plus heureux succès ; et, grâce à son industrie, les Ateliers de son père produisaient les étoffes les plus estimées dans toute la France et à l'Étranger.

Comme la maison Lamouroux avait de nombreuses Correspondances dans différents États de l'Europe, et que la présence du jeune Commis contribuait toujours à l'expédition prompte de nouvelles affaires, il partit pour l'Espagne au commencement de 1800. Après quelques mois, il revint dans sa patrie, et se dirigea vers la Suisse et les frontières de l'Italie. Il visita les bords de la Méditerranée. Il nous l'a souvent dit depuis : *Je dois au plaisir que j'éprouvai, en contemplant, pour la première fois, ce grand spectacle, la fureur que j'ai d'étudier les plantes marines.* Deux ans furent employés de la sorte.

Rappelé à Agen en 1802, Vincent éprouva les plus grandes difficultés pour continuer ses études, car son père songeait plutôt à soutenir l'honneur de son commerce qu'à faire des Savants de ses fils. De cinq enfants qui lui restaient, l'aîné était seul en âge de le seconder dans ses travaux. Aussi, se garda-t-il bien d'abandonner la ressource qu'il trouvait en lui. Le jeune Lamouroux, en effet, n'eut jamais rien d'enfant ; dès l'âge de vingt-deux ans, c'était un homme accompli, et sans cesse occupé aux choses sérieuses.

Tous ces obstacles cependant ne firent qu'enflammer son ardeur. Il savait dérober le temps qu'un rigoureux devoir ne l'obligeait pas de consacrer aux affaires. La lecture méditée des plus fameux Naturalistes, surtout Linné, lui servait de récréation. Il suivait aussi, et avec une distinction marquée, tous les Cours de la Faculté d'Agen. M. de Saint-Amans, alors Professeur de Botanique à l'École centrale de cette ville, ne fut pas long-temps sans reconnaître les heureuses dispositions de son Élève. Des affaires pressantes l'ayant contraint de quitter sa chaire, il proposa le jeune Lamouroux, et le fit nommer Professeur par *interim*. Vincent remplit cette charge pendant plusieurs mois. Nous devons à ce petit incident la première production de M. Lamouroux, intitulée : *Mémoire sur le Rouissage de l'Agave americana* (1). Ayant à parler de cette plante, dans une de ses leçons, il en fit l'histoire complète. M. de Saint-Amans approuva beaucoup les notes que son jeune Suppléant avait rédigées sur cet article, et il l'engagea à les mettre au jour. Cet opuscule, dans lequel on entrevoit le germe des talents que l'auteur a fait briller dans la suite, fut reçu et applaudi par les Sociétés savantes. Dans un âge où il est si naturel d'avoir de l'émulation, le jeune Lamouroux sentit qu'il fallait mériter, par quelque chose de grand, toutes les distinctions dont il était l'objet. Alors, c'était en 1805, il entreprit ses *Dis-*

sertations sur Plusieurs espèces de Fucus peu connues ou nouvelles (2). Comme il dessinait fort bien, il voulut que son travail parlât aux yeux en même-temps qu'il s'adresserait à l'esprit. Il avait recueilli lui-même la plupart des belles plantes qu'il y décrit avec autant d'élégance que de clarté et de précision. Les noms qu'il donne ont été adoptés. M. de Saint-Amans agréa la dédicace de cet ouvrage; ce qui justifie les éloges qu'en ont fait les Amis de M. Lamouroux. Il est devenu fort rare, vu que les malheureuses circonstances qui suivirent ne laissèrent point à l'auteur le loisir de s'occuper de sa réimpression.

En effet, cette même année vit des familles nouvelles élever leur fortune sur les débris de la sienne. L'industrie avait fait de rapides progrès dans les Provinces du Nord ; mais ce fut au détriment des anciens Établissements qui, se trouvant dans la nécessité de maintenir le prix de leurs marchandises, en raison du nombre plus considérable d'artisans qu'ils employaient pour exécuter le même ouvrage, perdirent tout-à-coup la confiance de leurs Correspondants. La maison Lamouroux, dont les revenus avaient déjà beaucoup souffert de la fatale loi du *maximum* et des autres concussions révolutionnaires, ne put supporter les pertes qu'entraînait cette concurrence. Il restait une voie, c'était de suspendre les travaux ; mais il eût fallu plonger dans la misère, la plus affreuse, un grand nombre de familles ouvrières, et M. Lamouroux ne voulut jamais y consentir. Par-là, il devint la victime de son humanité.

Cependant, comme le mal croissait de jour en jour, il engagea ses enfants à prendre un parti contre leur mauvaise fortune. L'aîné vint à Paris, où il se fit recevoir Docteur en Médecine en l'année 1807. La nécessité le contraignant de se faire connaître, cette voie lui parut la plus honorable. Au reste, il ne perdait jamais de vue son étude favorite. Sa réputation l'avait précédé dans la Capitale, et bientôt son mérite y fut apprécié par les Maîtres les plus célèbres, dont plusieurs étaient ses Amis et les compagnons de son enfance. En 1808, le Chef de l'Instruction publique le nomma Professeur d'Histoire Naturelle-Adjoint à l'Académie de Caen. Deux ans après, il se vit promu au grade de Docteur-ès-Sciences.

On juge bien avec quelle ardeur M. Lamouroux se livra à l'Histoire Naturelle quand son état lui en fit un devoir, lui qui l'avait toujours étudiée, même au milieu des plus grands obstacles. Les côtes de la Normandie étaient, pour son zèle, un vaste champ qu'il se promettait d'exploiter entièrement, comme semblent l'indiquer les paroles qu'il adressa à M. Bory de Saint-Vincent, son Compatriote et son Ami : *Lorsqu'il vint nous voir à Bordeaux* (c'est M. Bory qui parle), *il avait conçu, nous a-t-il dit,* LE *vaste* PROJET DE FAIRE UNE HISTOIRE DE LA MER. Peut-être en serait-il venu à bout, si la mort ne l'eût moissonné sitôt : mais le présent seul est à nous; heureux l'homme assez sage pour le bien mettre à profit!

Durant les premières années qu'il fut à Caen, M. Lamouroux professa la Physique avec toute la distinction que donne le vrai talent. Mais cette science, qu'il possédait très-bien, et dont il parlait si peu dans ses entretiens particuliers, n'avait pas d'attraits pour lui. Aussi, ce fut avec la plus grande satisfaction qu'il l'abandonna en 1811, époque où arriva sa nomination de Professeur en titre. Il commença, en mai 1812, la démonstration des plantes du Jardin de Botanique. Cette charge, ainsi réunie à celle qu'il exerçait déjà au Lycée impérial, lui présenta de grandes difficultés à vaincre. D'ailleurs, les Sciences Naturelles étaient encore, à l'Académie de Caen, dans une sorte d'enfance. Néanmoins, il fut assez heureux pour triompher des préjugés et de tous les autres obstacles.

Afin de rendre ses leçons attrayantes, il les préparait avec un soin extrême et à force de temps. Malgré cela, il trouvait des loisirs pour se livrer à la composition.

Dès l'année 1809, il avait soumis à l'Académie des Sciences de Paris un manuscrit intitulé : *Mémoire sur Plusieurs nouveaux genres de la famille des Algues marines* (3). Cette pièce, qui renferme un rapport sur une *Laminaire digitée*, et qui offre une foule d'idées neuves, fut accueillie très-favorablement. L'année suivante, la même Société reçut un autre *Mémoire sur une Nouvelle classification des Polypiers coralligènes non-entièrement pierreux* (4). Comme cet opuscule a pour objet beaucoup d'individus nouveaux, ou présentés sous d'autres noms, une Commission fut chargée, par la Classe des Sciences Physiques et Mathématiques, de l'examiner à fond. Le 26 octobre 1812, M. Bosc en fit le rapport le plus flatteur. Ce furent, sans doute, les succès que M. Lamouroux obtint, dans cette circonstance, qui l'engagèrent, dans la suite, à publier le bel ouvrage que nous possédons sur tous ces Polypiers. Depuis cette époque jusqu'à la fin de 1813, parurent successivement : *Rapport sur le Blé Lammas* (5) ; *Description de l'Ophiure à six rayons* (6) ; *Essai sur les*

Genres de la famille des Thalassiophytes non-articulés (7). L'Académie des Sciences de Paris honora, d'une manière particulière, ce dernier ouvrage, en adoptant les classifications proposées par l'auteur, ainsi qu'un grand nombre de mots qu'il a inventés. Le mérite de cette production est avoué de tout le monde savant. M. Lamouroux n'a jamais voulu qu'elle fût réimprimée, malgré les vives instances de ses Amis, parce qu'*Il la destinait à servir d'introduction à son Histoire de la Mer*. Mais, quelque parfait que fût cet *Essai*, ce n'était point encore son chef-d'œuvre, qui était réservé à des temps plus tranquilles.

Les Sciences, après avoir langui pendant les guerres civiles, après s'être cachées en quelque sorte durant les dernières catastrophes de l'Empire, commencèrent à respirer au retour de nos Rois. Alors s'établirent, dans toute la France, des Sociétés nouvelles. Les anciennes prirent une forme plus stable. Elles admirent toutes M. Lamouroux. Déjà il était Membre des principales Académies de l'Europe. Une palme manquait à sa gloire : l'Institut ne lui avait point encore ouvert ses portes.

Depuis plusieurs années, il avait formé le projet de mettre en ordre toutes ses recherches sur les Polypiers coralligènes. Il l'exécuta, en 1814, par l'entreprise de son *Histoire générale des Polypiers coralligènes flexibles* (8). Deux ans après, elle fut donnée au public. Elle lui a valu d'être admis au nombre des Correspondants de l'Institut de France, titre qui, à lui seul, égale tous les éloges que la plus judicieuse critique pourrait donner à l'ouvrage. Je laisse aux Savants le soin d'apprécier le travail et les talents dont l'auteur y fait preuve ; seulement je les prie de ne point oublier que M. Lamouroux a créé, pour ainsi dire, cette branche de l'Histoire Naturelle. Aussi, l'un de ses Amis a-t-il eu l'ingénieuse idée de lui donner le surnom de *Père des Polypiers*.

Durant les quatre années suivantes, M. Lamouroux consacra une partie de ses loisirs à la recherche des Fossiles de Caen. Il découvrit plusieurs *Ichthyosaures*, et un beau *Crocodile*, que l'on conserve au Musée de Caen, et sur lequel il fit, en 1820, un *Rapport* qui fut écouté avec le plus grand intérêt (9). La même année, M. Lamouroux s'occupa de son *Cours élémentaire de Géographie physique* (10). Il parut en 1821. Cet ouvrage est consacré à la jeunesse et aux personnes qui, à cause des embarras de leur condition, ne peuvent se livrer à une étude sérieuse. D'ailleurs, le titre seul indique assez qu'il n'a point été composé pour les hommes déjà versés dans l'étude de cette science. Ce serait donc à tort que l'on se plaindrait qu'*Il n'est point assez profond.* L'unique ambition de M. Lamouroux était de mettre en ordre les différentes matières qu'il avait amplement développées au Collége et à la Faculté de Caen. Au reste, tous les sujets y sont traités avec beaucoup de méthode, et l'ouvrage est un *Résumé* rapide qui remplit bien le but de l'auteur. Il ne se peut rien de plus propre à inspirer au jeune âge, et aux personnes de toutes les conditions, le désir de connaître les grands phénomènes qui les frappent chaque jour, et dont l'origine et les étonnants résultats sont, pour eux, de profonds mystères. L'Histoire Naturelle serait peut-être plus cultivée, si nous avions, sur chacune de ses parties, des traités faits dans le même genre. Mais que de personnes, rebutées par les détails scientifiques inintelligibles pour elles, perdent l'envie qu'elles avaient d'étudier la Nature!

Toutes les années qui suivirent, M. Lamouroux s'occupa de *l'Histoire des Vers et des Polypiers*, pour l'Encyclopédie Méthodique; *des Polypiers*, dans le Voyage du Capitaine Fressinet; de la rédaction du *Dictionnaire classique des Sciences Naturelles*, dirigée par M. Bory de Saint-Vincent; de la belle *Édition* de Buffon, format in-8°., qu'il conduisait lui-même, et dont il avait déjà été donné au public plusieurs volumes.

Au commencement de 1825, il avait annoncé un travail sur les *Laminaires;* les planches étaient déjà dessinées par M. Deslongchamps, qui remplit aujourd'hui la même chaire, et dont le mérite justifie si bien la bonne opinion qu'en avait son savant Prédécesseur : *Oui*, disait-il souvent avec une simplicité qui lui était si naturelle, *je puis partir pour l'autre monde, notre Ami Deslongchamps me remplacera.*

En outre, c'était lui qui rendait compte des travaux des Sociétés savantes de Caen pour le *Bulletin universel des Sciences et de l'Industrie.* Il retouchait son Histoire des Polypiers et sa Géographie physique. Son intention était d'augmenter, d'un volume, ce dernier ouvrage. Mais le trépas est venu l'arrêter au milieu de sa course, et lorsqu'il allait jouir de ses infatigables travaux. Le 26 mars 1825, une mort soudaine le frappa à l'âge de quarante-cinq ans et quelques mois.

Que M. Lamouroux fût un Savant, que ses années présentent une suite d'obstacles qu'il a surmontés, de travaux difficiles qu'il a entrepris, personne n'en doute, et cette courte notice

notice le démontre. Si donc je n'avais eu intention que de le faire envisager sous ce triple rapport, ma tâche serait terminée; mais, la mémoire de M. Lamouroux est trop chère à notre ville, le charme de son commerce et l'aménité de son caractère étaient trop aimables, pour que je me borne à ces considérations. Au reste, le tableau des rares qualités, dont ce Naturaliste a fait preuve, ajoutera un nouvel intérêt aux détails purement historiques d'une vie, toute entière consacrée aux Sciences.

Élevé sous les yeux d'une famille vigilante et pieuse, le jeune Lamouroux se forma de bonne heure à la vertu. Le séjour d'une ville, telle qu'Agen, lui procurant l'avantage de faire son éducation, pour ainsi dire, dans la maison paternelle, son inexpérience ne fut point exposée aux dangers qu'il n'est que trop ordinaire de rencontrer loin de la tendre sollicitude des parents. Sa mère lui faisait goûter les grandes vérités de la Religion, autant par ses exemples que par ses discours. Il apprenait de son père qu'il faut soulager la misère du pauvre. L'année que l'un des moindres fléaux de la Révolution, et peut-être le plus insupportable, la famine, vint fondre sur la classe ouvrière, M. Lamouroux avait un vaste champ ensemensé de pommes de terre, il en abandonna la récolte à ceux qui manquaient de pain. Ce trait d'humanité ne nous est parvenu que parce que le fils nous l'a raconté ; mais il en est une foule d'autres qui n'ont eu pour témoins que les personnes qui en furent l'objet. Si l'on en juge par celui-ci, ils devaient être bien propres à faire impression sur l'esprit d'un enfant, doué d'ailleurs d'un beau naturel. Aussi, les premières années du jeune Lamouroux, tout en ne présentant rien d'extraordinaire, portent-elles l'empreinte des sentiments nobles et généreux, qui sont comme la base et le fondement de ses autres qualités.

Comme il avait reçu du Ciel un esprit vif et une grande sensibilité, sa première passion fut l'amitié. A mesure que sa raison se développait, son cœur, docile aux mouvements de la reconnaissance, et déjà capable d'apprécier les soins et la tendresse de ses bons parents, laissait entrevoir un attachement marqué pour eux. A douze et quatorze ans même, âge où l'amour des plaisirs est si pardonnable, que de fois il a préféré la société sévère des auteurs de ses jours à celle d'une jeunesse folâtre et amie des plaisirs ! Un exemple donnera plus de force à ma pensée.

Il n'est point de pays qui n'offre au premier

âge une série de divertissements qui reviennent chaque année. Il en est un surtout que la jeunesse Agénaise aime avec passion et qu'elle saisit avec avidité. Lorsque la saison de la taille des vignes est arrivée, un certain nombre d'enfants se réunissent des divers quartiers de la ville, et, tous ensemble, ils vont mettre à contribution les sarments retranchés. Tout propriétaire est tenu de donner à chaque enfant ce qu'il peut porter de ce bois. C'est une coutume qui a force de loi : nulle difficulté ; personne ne réclame. Alors des bûchers s'élèvent çà et là, et des danses se forment à l'entour. Ces scènes, tout à la fois naïves et joyeuses, durent jusqu'à ce que tous les vignerons, parents et Amis, aient payé leur tribut. M. Lamouroux, de qui nous tenons ces détails, ajoutait, en nous les racontant : *J'aimais à la folie ces sortes de divertissements ; j'en étais un des principaux chefs : mais il m'arriva assez souvent de ne pouvoir que souhaiter grand plaisir à mes compagnons, et cela, toutes les fois que la fête tombait dans le moment fixé par mes parents pour une promenade de famille. Je les avais accoutumés,* disait-il, *à ne pouvoir se passer de mes espiégleries, et j'aurais eu beaucoup plus de chagrin, d'ailleurs, à les laisser seuls, une seule fois, que je n'aurais éprouvé de joie à suivre toujours mes camarades.*

Une inclination si douce ne fit que s'accroître avec l'âge. La seconde année de la République, le jeune Lamouroux, qui avait achevé ses études, et qu'un penchant invincible entraînait vers l'Histoire Naturelle, avait conçu le projet de se retirer dans quelqu'un des États voisins, où il lui eût été facile de se livrer tout entier à une science qui, comme toutes les autres, n'était guère alors en honneur dans notre infortunée patrie. Mais son père n'avait personne sur qui il pût se reposer d'un fardeau trop pesant pour ses forces : il ne fallut point d'autre considération pour étouffer ses goûts particuliers. *Naguère encore,* comme le dit un de ses Amis, *sa respectable mère,* dont la mort n'a précédé la sienne que de quelques années, *trouvait, dans ses touchantes lettres, l'oubli momentané de ses profondes douleurs.* En un mot, pour donner une idée juste de l'amitié tendre dont M. Lamouroux était pénétré pour ses parents, il suffit de dire que son temps, son repos, ses espérances mêmes, il leur a tout sacrifié, jusqu'à l'instant où il se vit dans la dure impossibilité de leur être désormais utile. Alors il quitta le toît paternel, le berceau de son enfance ; et ce n'est qu'à cette époque qu'il s'occupa réellement de son propre avenir. Hé quel avenir, si on l'envisage d'après l'estimation commune! M. Lamouroux s'est fait un nom, mais il n'eut jamais de richesses.

Aussi l'envie, principe ordinaire de toutes les haines qui désolent la société, ne put-elle raisonnablement s'attacher à ses pas ; car le seul endroit, par où elle pouvait avoir prise sur lui, appartient exclusivement aux hommes de génie qui, sans une sorte de dérogation, ne peuvent être jaloux. D'ailleurs, les talents ne sont pas à la portée de qui le voudrait ; ce ne sont point de ces choses que l'on acquiert à force d'intrigues. Pour égaler un homme, le surpasser même, par les biens de la fortune, une circonstance heureuse, et surtout beaucoup de hardiesse, suffisent quelquefois. Il n'en est pas ainsi des talents : c'est la Nature qui les donne ; ce sont de longues veilles, de pénibles travaux, qui les agrandissent. Si donc, contre toute vraisemblance, M. Lamouroux avait eu des ennemis, ce n'eût pu être que des gens pervers qui se seraient joués de sa trop grande bonté, de ces esprits étroits et brouillons, qui se plaisent à souffler le feu des discordes, et à déprimer tout ce qui ne vient pas d'eux, ou qui heurte leurs opinions. Être poursuivi par de tels ennemis c'est par là même avoir droit à l'amour et à l'estime des gens de bien, faveur à laquelle notre savant Agénais attachait tant de prix, et qui lui tenait lieu de richesses.

S'il est difficile d'être plus aimé que ne le fut M. Lamouroux, il est rare aussi de réunir plus de qualités aimables. Sa modestie était extrême. On lui demandait un jour ce qu'il pensait sur une question de politique : *Ce que je pense*, répondit-il, *permettez-moi de vous le dire, c'est que ceci ne se trouve dans aucun des ouvrages que j'ai entre les mains.* Sa passion pour toute espèce de lecture, un esprit naturellement observateur, la place qu'il occupait, tout porte à croire qu'il n'était point étranger aux affaires d'État et aux révolutions que le choc des intérêts divers opère dans le monde moral et politique ; mais il avait pour maxime que le bien de la société prescrit à chacun l'obligation rigoureuse de demeurer au poste où elle l'a placé. Ces principes, que M. Lamouroux a constamment suivis, n'ont pas peu contribué à lui attirer l'estime et l'amitié des hommes du premier mérite que dirigent les mêmes goûts, et dont l'unique passion est l'étude sur laquelle ils ont fondé le bonheur de leur vie. Comme une application infatigable leur avait appris à juger des difficultés que leur Ami devait nécessairement rencontrer dans son travail sur les Polypiers, les uns lui envoyaient des échantillons, les autres leurs propres observations. M. Lamouroux recevait tout, profitait de tout ; mais il ne manqua jamais de payer, à ceux *qui l'enrichissaient ainsi*, le tribut de sa reconnaissance, et en des termes qui feraient croire, à ceux qui ne connaîtraient pas d'ailleurs sa modestie, qu'il n'y a réellement de lui, dans ses ouvrages, que les faiblesses et les défauts. Son intention était louable autant que droite ; il a cru faire son devoir : c'est aux personnes qui en sont l'objet à rendre, à leur tour, justice à son mérite.

Sa modestie allait plus loin encore : il possédait très-bien la Médecine ; ses Amis l'attestent, et sa réception dans diverses Académies célèbres, où l'on s'occupe spécialement à perfectionner cet Art bienfaisant, vient à l'appui de leur témoignage : cependant il la regarda toujours formellement comme au-dessus de ses forces. Le consultait-on sur cet article, ou sur toute autre chose qui n'avait pas trait à l'Histoire Naturelle proprement dite, il renvoyait aux personnes habiles qui se livraient d'une manière particulière à ces différentes parties. Mais, y avait-il pour lui nécessité de répondre, après avoir établi le sujet avec une grande précision, il y appliquait les principes théoriques, donnait son opinion, et laissait conclure. Chez lui, soit en particulier, soit en public, jamais de ces décisions tranchantes, qu'un vain étalage d'érudition, un ton magistral, font adopter comme des règles certaines. Si quelquefois il était tranchant, c'était quand il s'agissait de lui-même.

Il lui est arrivé d'avoir, avec M. Bory, des discussions sur ceux de ses ouvrages dont on lui demandait la réimpression. Il soutenait toujours le parti contraire et concluait négativement, *Parce que c'étaient*, disait-il, *des enfants revêches qu'il fallait beaucoup châtier, si l'on en voulait faire quelque chose.* La Géographie physique et l'Histoire des Polypiers sont les seuls en faveur desquels son judicieux Ami ait mis tout-à-fait sa logique en défaut, et l'on sait qu'il les retouchait néanmoins. Au reste, la modestie de M. Lamouroux, toute extraordinaire qu'elle fut, ne parut jamais choquante, parce qu'elle venait d'un grand fond de simplicité.

Celui qui n'aurait pas joui du charme de son commerce croirait, en jetant les yeux sur ses travaux, que c'était un homme insociable, toujours livré aux soins de l'étude. Il n'en est pas ainsi : M. Lamouroux savait si bien tirer parti du temps, qu'il trouvait des loisirs pour donner à ses nombreux Amis, à sa famille et à des lectures de pur amusement. Il est peu d'hommes qui aient lu un plus grand nombre d'ouvrages. Il n'en paraissait pas un qu'aussitôt il ne le dévorât des yeux. C'est, sans doute, dans ces lectures variées, et dans le souvenir de ses voyages, qu'il puisait cette fécondité de génie, cette richesse d'images et cette éloquence douce que l'on admire dans des ouvrages et dans des sujets si arides par eux-mêmes. Ses lettres ne sont pas moins intéressantes. Comme il avait des Amis dans tous les pays du monde, pour ainsi dire, il écrivait beaucoup, mais avec le plus grand soin, mêlant toujours l'agréable à l'utile. Une élocution vive, certains tours favoris, qui ne sont pas dénués de grâces, une grande justesse d'expression, un style riche et souvent pompeux, caractérisent tout ce qu'il a écrit. Il est à désirer que les parties de ses lettres, qui peuvent être livrées au public, se trouvent réunies à la collection de ses œuvres. L'ensemble serait utile sous d'autres rapports, peut-être, que sous celui de l'Histoire Naturelle. Toujours est-il que les Lecteurs ne seraient point choqués par ce mauvais goût que les principes d'une sévère rhétorique reprochent à notre siècle.

Que dirai-je de la simplicité de son caractère? Voulait-il dans un doux abandon réjouir un cercle d'Amis, aussitôt un trait d'esprit portait la joie dans tous les cœurs. Mais, dans aucun cas, la satyre n'est jamais sortie de sa bouche, et, en cela, il agissait avec une simplicité admirable. On l'a vu souvent se recueillir en lui-même pour comprendre le vrai sens d'une pensée maligne, et il n'était pas rare qu'il eût besoin d'interprète. Comme il sortait peu, et qu'il était naturellement avide d'apprendre, c'était pour lui un délassement agréable lorsqu'on lui racontait quelque chose de nouveau. Alors, s'il était à l'ouvrage, il quittait tout, et écoutait avec la plus grande attention. Mais, une parole indiscrète contre la personne absente venait-elle se joindre au récit, soudain il reprenait son travail, ou, par un heureux à propos, détournait l'entretien. Ceux qui le visitaient habituellement connaissaient bien son caractère et lui payaient leur tribut de la manière qu'il le voulait.

Dans sa famille même simplicité. Il concourait avec son Épouse à l'éducation première d'un Fils aussi aimable qu'il était tendrement aimé. Cet intéressant enfant était, à son septième printemps, l'image parfaite de son père, non-seulement pour les traits, mais encore pour la simplicité du caractère. Puisse-t-il marcher sur ses traces! Plus heureux, dans son malheur, que le grand nombre des jeunes Naturalistes, il comptera son père parmi les Maîtres qui le dirigeront dans la carrière des Sciences; et, si le peu d'années qu'a vécu ce père infatigable ne lui a point permis de mettre la dernière main à ses travaux, si quelques-uns même ne sont qu'ébauchés, un jour viendra, peut-être, que le Fils se rendra digne du nom qu'il porte, en perfectionnant les ouvrages qui le lui ont acquis.

Quand M. Lamouroux n'aurait eu que les qualités que l'on vient de voir, elles suffiraient, sans doute, pour le rendre recommandable à d'autres titres encore qu'à ceux d'homme de génie. Mais ce n'est pas tout. On peut réunir le savoir aux vertus, et être néanmoins un homme ordinaire : les talents et les vertus ne nous rendent vraiment remarquables qu'autant que nous savons les tourner à l'avantage de nos semblables. M. Lamouroux a été assez heureux pour parvenir à ce but, et c'est par-là qu'il a honoré la charge qui lui était confiée. Il semble, en effet, que toute son ambition et ses travaux étaient dirigés vers l'utilité de ceux qui voulaient se livrer à l'Histoire Naturelle.

Sa maison était une sorte d'Académie où l'on trouvait tout ce qui peut attirer les regards et piquer l'émulation. Une bibliothèque composée des ouvrages les plus estimés, et aussi considérable qu'on peut le désirer pour un Naturaliste qui ne veut avoir des livres que pour étudier; une collection de Minéraux, de Testacées, de Mollusques, de Fossiles, et autres objets d'Histoire Naturelle, telle qu'il est peu d'Amateurs qui en possèdent; une réunion de Polypiers, la plus riche qui soit dans l'Univers; un Herbier de plus de douze mille plantes, et tout cela, à la disposition de ses Amis. Aussi, voyait-on s'y réunir une foule de jeunes-gens studieux et d'hommes de tout âge, qui ont appris à remplir leurs journées d'occupations utiles. Là, chacun a sa place, son genre de travail favori, et tous ont dans M. Lamouroux un Ami, quelques-uns un Mentor. Sûrs de trouver tout ce qui était nécessaire à leurs recherches, ces hommes laborieux préféraient se réunir dans cette maison plutôt que dans l'Établissement ouvert, seulement à certaines heures du jour, à l'étude du public. Dans ce séjour paisible, tout est en activité. Celui-ci cherche tantôt la molécule première où viennent aboutir ces formes variées qui rendent l'aspect des cristaux si bizarre ; tantôt il range à sa place un Mollusque qui jusques-là avait échappé à ses recherches; celui-là, à force de temps, donne au Fucus, le plus compliqué, l'attitude gracieuse dans laquelle la Nature l'avait fait croître au sein des eaux ; un autre, la loupe à la main, détermine le genre de ses imperceptibles Cryptogames ; d'autres, dont le nombre s'accroît chaque jour, se livrent à d'autres occupations. M. Lamouroux, lui-même, environné de livres et de papiers, travaille, médite, prépare ses Correspondances, ou encourage ses Hôtes studieux. Que de beaux jours se sont écoulés de la sorte ! Que de traits de lumière sont venus tout d'un coup dans l'esprit de ceux à qui ils avaient échappé dans des veilles prolongées ! Que de personnes, qui s'étaient vues par hasard aux Cours publics, se sont liées d'amitié chez lui par un paisible commerce d'étude ! Long-temps il sera présent à notre mémoire le souvenir de ces réunions dont M. Lamouroux était le centre et dont sa grande obligeance faisait tous les frais.

Mais, c'était peu de favoriser ainsi ceux qui avaient déjà le goût de l'Histoire Naturelle, sa manière admirable de professer, et de faire aimer la Nature attirait, chaque jour, de nouveaux Disciples pour sa petite Académie. J'en appelle au témoignage des personnes instruites déjà, ou travaillant encore pour le devenir. Celles-ci nous peindront le plaisir qu'elles éprouvaient à ses différentes leçons, et l'empressement avec lequel elles y couraient. Celles-là nous diront, avec un homme qui siége honorablement dans l'une des principales Sociétés savantes du Calvados : *M. Lamouroux ne se contentait pas d'expliquer les principes de la science et leurs applications, il aimait à conduire ses Élèves partout où les phénomènes de la Nature plus visibles pouvaient rendre ses applications plus intéressantes et plus sensibles ; cette manière de professer...... a beaucoup contribué à inspirer le goût de l'Histoire Naturelle dans le département du Calvados.* Les unes et les autres nous expliqueront tous les ressorts qu'il a mis en œuvre pour leur apprendre ce qu'elles ignoraient, ou pour leur remettre sous les yeux ce qu'elles avaient perdu de vue.

En effet, par d'heureux rapprochements, il mettait en action les divers agents qui concourent à la formation d'un phénomène utile à connaître, ou plus capable, que toutes les préparations oratoires, d'attirer l'attention des auditeurs sur une chose abstraite, et cela avec une adresse merveilleuse ; puis il arrivait tout d'un coup à son sujet, et l'on était tout étonné qu'il eût pu en venir là, en partant d'un point opposé. Ce talent a été apprécié par ceux mêmes qui suivaient ses Cours par devoir. Si l'Histoire Naturelle n'avait point de charmes pour eux, du moins ils aimaient l'éloquence de celui qui en étalait les richesses à leurs yeux. Il est, dans le département du Calvados, un grand nombre de jeunes-gens qui ont pris le goût de cette belle étude aux leçons pour lesquelles ils n'avaient d'abord que du mépris, ou au moins de l'indifférence ; plusieurs même, dans ces derniers temps, parcourent cette carrière avec quelques succès. Au reste, l'art que M. Lamouroux employait pour captiver l'attention était chez lui l'effet du naturel. Jamais il ne courait après un sujet : content de développer celui qui se présentait, il ne le quittait point qu'il ne l'eût épuisé, pour peu qu'il fût utile ou intéressant.

On s'était accoutumé insensiblement à ne point être choqué par les détails dans lesquels il pouvait entrer. Semblable aux Anciens qui préconisaient leurs Dieux et les invoquaient dans les Écoles aussi bien que dans les Temples et à la tête des Armées, jamais il ne fut retenu par une mauvaise honte que le cœur dément : il parlait de Dieu, de ses attributs et de Religion avec la même franchise et la même liberté qu'il faisait des autres choses qu'il avait à traiter. Comme Naturaliste, l'Univers était son domaine, et tout était de son ressort, puisqu'il s'agissait d'exposer, ou d'expliquer des résultats inexplicables pour qui n'a pas recours à la véritable cause, au principe premier et nécessaire.

Un jour, il nous en souvient, il traitait de l'homme ; quand il eut fait l'histoire de la structure de son corps et des différentes facultés dont il est l'organe, il passa à ses mœurs. Comme les idées religieuses ont sur elles une grande influence, les Religions ne furent point oubliées. Il les exposa toutes, et soumit au tribunal de la raison celles qui ont au moins quelqu'apparence de vérité. Il termina par celle à laquelle semblent si étroitement liés le bonheur des Français et la gloire de l'Auguste Famille qui nous gouverne. Alors, mêlant les charmes de l'éloquence à la précision d'une saine logique, il prouva que la Religion Catholique est la seule vraie, la seule qui soit digne de la nature de l'homme, et
la

la seule qui obtienne la perfection de ses mœurs. Il paraissait si convaincu de ce qu'il disait, il parlait avec tant de chaleur et de naturel, qu'on l'écoutait avec le plus vif intérêt, bien que ce fût dans une Classe où l'on vient pour autre chose que pour apprendre à choisir une Religion. S'agissait-il de détruire des principes surannés, par exemple, que la couleur des nègres et la conformation de leur tête sont une preuve qu'ils n'ont pas une origine commune avec les autres peuples ; ou bien que les hommes, animalcules d'abord, se sont perfectionnés eux-mêmes pendant des myriades de siècles, c'était même éloquence de sa part et même attention de la part des auditeurs.

Qui pourrait peindre son zèle pour le progrès des Sciences ! Pourquoi ces herborisations et ces courses sur les côtes de la mer ? Ce n'était pas uniquement pour s'instruire, puisqu'il trouvait chez lui les objets qu'il allait visiter sur les lieux ; c'était donc aussi pour mettre, sous les yeux de ses Élèves, la Nature, et rendre ses démonstrations plus sensibles. Il voulait par-là consacrer aux progrès de la science jusqu'aux jours libres que lui donnaient les vacances des classes. Dire que le département du Calvados lui est redevable, ce ne serait pas, ce me semble, trop s'avancer, car jamais on n'y perdra de vue que c'est le zèle de M. Lamouroux, secondé par les soins de M. Lair, qui a donné, à l'École de Botanique de Caen, une réputation dont ne jouissent pas d'autres Établissements plus considérables dans le même genre ; que si les Callard de la Ducquerie, les Marescot, les Blot, les Goubin, les Desmoueux, les Roussel, sont les Fondateurs ou les Restaurateurs du Jardin des Plantes, ces deux hommes laborieux n'ont pas peu contribué à ce qu'il soit fréquenté par des Amateurs peut-être plus nombreux que les Élèves ; que M. Lamouroux a donné, dans notre ville, une direction favorable à l'Histoire Naturelle ; que si le Cabinet de Caen et son riche Herbier attirent les regards des Étrangers, les Collections de M. Lamouroux en occupent une partie considérable. Tout homme qui lira ses ouvrages sans prévention ne pourra s'empêcher d'y reconnaître un esprit guidé, plutôt par le besoin d'être utile aux Sciences, en les faisant aimer, que par l'envie de paraître. Je me contenterai de citer deux de ses moindres productions. On voit, en effet, que dans la Notice qu'il nous a laissée sur le Bon-Sauveur, il a surtout préconisé les progrès que fait l'enseignement de tout genre dans cet Établissement, recommandable sous tant de rapports ; que, dans la vie de M. Thierry, il s'est particulièrement attaché à faire ressortir son zèle et son dévouement pour rétablir le goût des Sciences, dans notre ville, après les troubles de la Révolution. Enfin, je ne puis rien dire qui donne une plus grande idée du zèle de M. Lamouroux, pour le progrès des Sciences, qu'en rappelant ici les paroles qu'un Naturaliste adressait à ses Confrères, en terminant un discours public : *La création de la Société Linnéenne du Calvados suffirait.... seule pour honorer la mémoire de M. Lamouroux dans ce département. Vous ne pouvez oublier, Messieurs, que c'est à son impulsion et à ses soins qu'est due cette Association.*

Lorsque les *ouvrages* d'un homme *sont généralement estimés*; que *quelques-uns ont été traduits en plusieurs langues ;* qu'il s'est livré, malgré tous les obstacles et l'inconstance de la Fortune, à l'étude des Sciences ; que ses travaux sont nombreux, on peut dire que c'était un Savant : quand, à cela, il unissait une grande modestie, l'amour de ses devoirs, la simplicité d'un caractère heureux, l'art de se faire écouter et de persuader sans prétention, une obligeance mesurée sur la bonté de son cœur, un zèle infatigable pour le progrès des Sciences, on peut ajouter qu'il avait des qualités. *Ces vérités sont incontestables, et il n'est personne qui ne trouve à en faire l'application dans la vie de* M. Lamouroux. Aussi, le bruit de sa mort a-t-il été un sujet de tristesse pour toutes les personnes qui l'ont connu. Un Confrère, un Ami et un de ses Élèves, ont payé à sa mémoire, sur ses restes funèbres, le touchant tribut de leurs regrets. Ses Amis et ses Élèves lui ont érigé, dans le cimetière Saint-Pierre, sa paroisse, un tombeau modeste comme lui, et la ville de Caen s'énorgueillit de posséder les dépouilles mortelles d'un Savant de plus.

Repose en paix, ombre d'un homme de bien, si tout ne meurt pas avec nous, s'il existe un Dieu rémunérateur des vertus, puissé-je avoir tes qualités, et j'espère te revoir un jour!

EXPLICATION DES NOTES,

SUIVIE

DU CATALOGUE DES AUTRES OUVRAGES DE M. LAMOUROUX.

(1) Ce Mémoire est inséré dans la Décade Philosophique de 1802.

(2) Agen, imprimerie de R. Noubel. 1 cahier in-4°., avec 36 planches. Bibl. de Caen.

(3) Journal de Botanique, 1809.

(4) Bulletin Philomatique. Ce Mémoire renferme aussi une Notice très-importante, où l'auteur démontre l'origine de la *Montée*.

(5) Ce rapport a été imprimé par l'ordre de la Société royale d'Agriculture et de Commerce de Caen : on le trouve inséré dans plusieurs ouvrages périodiques. In-8°.

(6) Annales du Museum, t. 20, in-4°., avec une planche. Bibl. de Caen.

(7) In-4°., avec 7 planches. Bibl. de Caen.

(8) Imprimerie de F. Poisson. 1 vol. in-8°. de plus de 600 pages, avec 19 planches. Bibl. de Caen.

(9) Annales générales des Sciences physiques, t. 3.

(10) Imprimerie de F. Poisson. 1 vol. in-8°. Cet ouvrage a été autorisé par l'Académie de Caen pour l'enseignement de cette partie de l'Histoire Naturelle à la Faculté et au Collége. Bibl. de Caen.

Il eût été trop long d'entrer dans le détail de tous les ouvrages de M. Lamouroux : d'ailleurs, j'aurais craint de fatiguer l'attention des Lecteurs. Je me contenterai de citer succinctement ceux qui n'ont point trouvé leur place dans la Notice. Je tâcherai de suivre l'ordre de leur composition, et d'indiquer les sources où l'on peut les trouver.

Description de Deux espèces inédites de Varechs. Bulletin Philomatique. 1803.

Mémoire sur le Varech Polymorphe, même Bulletin et même année.

Mémoire sur la *Lucernaire Campanulée*, avec une analyse de tout le genre. Mémoire du Museum, t. 2. 1815.

Description Méthodique de Tous les genres de Polypiers. 1 vol. in-4°., avec 84 planches. Imprimerie de F. Poisson. 1821.

Notice sur des Aras bleus nés en France, et acclimatés dans le département du Calvados. A Paris, imprimerie de J. Tastu. 1823.

Notice sur le Bon-Sauveur, lue à l'Académie royale des Sciences, Arts et Belles-Lettres de Caen, et imprimée par son ordre. Imprimerie de F. Poisson. 1824.

Notice historique sur M. Thierry, lue à la Société royale d'Agriculture et de Commerce de Caen. Imprimerie de F. Poisson. 1824.

Introduction à l'Histoire des Animaux rayonnés ou zoophytes pour l'Encyclopédie Méthodique, 8 pages in-4°. Cette pièce a été lue à l'une des Séances de la Société Linnéenne du Calvados, en 1824.

Mémoire sur la Distribution géographique des Plantes marines, lu à l'Académie royale des Sciences de Paris dans sa séance du 11 octobre 1824, et consigné dans ses Annales.

www.ingramcontent.com/pod-product-compliance
Lightning Source LLC
Chambersburg PA
CBHW061007050426
42453CB00009B/1306